RAPPORT

SUR LA

CONSTITUTION MÉDICALE

ET LA MORTALITÉ

DE LA VILLE DE METZ

Pendant l'Année 1866

ET

RAPPORT

SUR L'ÉPIDÉMIE CHOLÉRIQUE

QUI A RÉGNÉ EN 1866

DANS LE DÉPARTEMENT DE LA MOSELLE

Par M. le Dr TOUSSAINT.

Extrait de l'*Exposé des Travaux de la Société des Sciences médicales de la Moselle*, année 1866-1867

METZ

J. VERRONNAIS, Imprimeur de la Société, rue des Jardins, 14

1867

RAPPORT

SUR LA

CONSTITUTION MÉDICALE & LA MORTALITÉ

DE LA VILLE DE METZ

PENDANT L'ANNÉE 1866

MESSIEURS,

La commission de constitution médicale [1] m'ayant fait l'honneur de me désigner pour remplir les fonctions de rapporteur, j'exposerai le résumé de ses travaux en suivant l'ordre adopté par mes devanciers.

Comme eux aussi, je reproduirai chaque mois un bulletin météorologique pour lequel j'ai puisé les renseignements dans les observations recueillies à l'Ecole d'application par M. Baur, qui a eu l'obligeance de mettre ses tableaux à ma disposition.

---

[1] Composée de MM. Méry, Michaux, Saunois, Bamberger et Toussaint, *rapporteur*.

Mois de Janvier.

Bulletin météorologique.

Etat du ciel. Le ciel est clair 2 jours, couvert 19 jours ; il gèle 7 jours, il pleut 16 jours, il neige 4 jours ; il y a 8 jours de gelée blanche. Dans 16 jours pluvieux, il est tombé 56^{mm},58 d'eau.

Température. La température maximum a été de $+ 10°,5$ le 22 ; la température minimum de $- 1°,8$ le 5.

La moyenne du mois a été de $+ 4°,66$.

Pression atmosphérique. La colonne barométrique a oscillé entre 724^{mm} et 762^{mm}.

Vents. Le nord a soufflé 4 jours.
    L'est . . . . 1 —
    Le sud. . . . . . 4 —
    Le sud-est . . . . 5 —
    L'ouest. . . . . . 2 —
    Le sud-ouest . . . 15 —

Constitution médicale.

Sous l'influence de l'humidité persistante, la constitution médicale du mois de janvier est presque entièrement dominée par l'élément catarrhal, aussi a-t-on surtout constaté des bronchites nombreuses, des angines et des diarrhées fréquentes.

On a aussi observé quelques pneumonies dont 9 mortelles, un certain nombre de rhumatismes articulaires et surtout musculaires, des névralgies, plusieurs fièvres muqueuses, des grippes, des fièvres intermittentes, des congestions cérébrales légères, quelques érysipèles de la face.

Les affections varioliques encore fréquentes, sont généralement assez bénignes, sauf trois varioles confluentes mortelles. Un de ces malades avait été vacciné.

Quatre enfants sont morts du croup.

Mortalité.

Le mois de janvier occupe le 9ᵉ rang pour la mortalité. Les 105 décès se répartissent comme il suit :

Centres nerveux	20	décès.
Appareil respiratoire	43	—
— circulatoire	7	—
— digestif	13	—
Fièvre typhoïde	1	—
Fièvres éruptives	5	—
Cachexies et diathèses	4	—
Maladies non classées	9	—
Mort-nés	2	—
Vieillesse	2	—
Suicides	1	—
Total	105	décès.
Hôpital Bon Secours	13	décès.
— Saint-Nicolas	12	—
— militaire	1	—
Pratique civile	79	—
Total	105	décès.

Mois de Février.

Bulletin météorologique.

Etat du ciel. Pendant le mois de février, il y a eu 24 jours pluvieux, 2 jours de brouillard, 3 jours de rosée, 2 jours de grêle, 1 jour d'orage, 5 jours de gelée; il a neigé 5 jours.

La quantité d'eau tombée est de 91^{mm},95.

Température. La température la plus basse a été de — 2°,6; la plus élevée, de + 12°.

La température moyenne est de + 5°,62.

Pression atmosphérique. La colonne barométrique a oscillé entre 720^{mm}, et 751^{mm}.

La moyenne de la pression atmosphérique a été de 737^{mm}.

Vents. Le nord a soufflé 2 jours.

    L'est . . . . . . 1 —
    Le sud . . . . . 3 —
    L'ouest . . . . . 4 —
    Le nord-est . . . 1 —
    Le sud-ouest. . . 17 —

Constitution médicale.

Comme dans le mois précédent, les maladies catarrhales des voies digestives et principalement des voies respiratoires, ainsi que les affections rhumatismales sont encore très-fréquentes, mais généralement sans beaucoup de gravité.

On a noté aussi plusieurs érysipèles; des convulsions chez les enfants à l'époque de la dentition; trois cas de croup, dont deux terminés par la mort.

Mortalité.

Comme le mois précédent, le mois de février fournit 105 décès.

Centres nerveux	19 décès.
Appareil respiratoire	35 —
— circulatoire	10 —
— digestif	8 —
— génito-urinaire.	3 —
Erysipèle.	1 —
Fièvre typhoïde	2 —
Fièvres éruptives	4 —
Cachexies et diathèses	6 —
Maladies non classées.	12 —
Mort-nés.	2 —
Vieillesse.	3 —
Total.	105 décès.
Hôpital Bon-Secours	15 décès.
Hôpital Saint-Nicolas.	6 —
— militaire	7 —
Pratique civile.	77 —
Total.	105 décès.

Mois de Mars.

Bulletin météorologique.

Etat du ciel. Le ciel est beau 3 jours ; demi-couvert 9 jours ; couvert 19 jours ; il a gelé 4 jours.

Dans les 20 jours pluvieux, il est tombé 47^{mm},10.

Température. La température la plus basse a été de — 3°,8 le 15 ; la plus élevée, de + 13°,8 le 29.

La température moyenne a été de + 5°,64.

Pression atmosphérique. La pression la plus faible est de 722^{mm},45 le 19 ; la plus forte de 752^{mm},94 le 26.

La pression moyenne a été de 737^{mm},81.

Vents. Le nord a soufflé 7 jours.
    Le nord-est . . . 5 —
    L'est. . . . . . . 1 —
    Le sud. . . . . . 3 —
    Le sud-est . . . . 2 —
    L'ouest . . . . . 3 —
    Le sud-ouest. . . 10 —

Constitution médicale.

Dans le courant du mois de mars, on a observé :

1° Des fièvres typhoïdes, des fièvres éphémères, des varioloïdes, quelques rougeoles ; des fièvres intermittentes dans la garnison ;

2° Des embarras gastriques, des diarrhées, quelques ictères ;

3° Des angines, bronchites, des bronchites catarrhales chez les enfants, des grippes, des pneumonies en assez grand nombre, dont plusieurs à forme bilieuse, des pleurésies, quelques coqueluches ;

4° Des rhumatismes en général rebelles avec tendance aux récidives, des névralgies, des blépharites, quelques cas d'oreillons, quelques érysipèles de la face.

Mortalité.

Le mois de mars, avec 126 décès, occupe le deuxième rang pour la mortalité.

Centres nerveux . . . . 13 décès.
Appareil respiratoire . . . . . . 44 —
    — circulatoire . . . . . . 12 —
    — digestif. . . . . 11 —
        A reporter. . . . . 80 décès.

Report.	80 décès.
Appareil génito-urinaire.	3 —
Erysipèle.	1 —
Fièvre typhoïde.	2 —
Fièvres éruptives.	2 —
Cachexies et diathèses.	12 —
Maladies non classées.	11 —
Mort-nés.	11 —
Vieillesse.	3 —
Suicide.	1 —
Total.	126 décès.
Hôpital Bon-Secours.	12 décès.
— Saint-Nicolas	10 —
— militaire	6 —
Pratique civile	98 —
Total.	126 décès.

Mois d'Avril.

Bulletin météorologique.

Etat du ciel. Le ciel est beau 8 jours, demi-couvert 12 jours, couvert 10 jours. Il a plu 12 jours et il y a eu deux orages.

Température de l'air. La température la plus basse est de $+1°,6$ le 3 ; la plus élevée, de $22°,9$ le 27 et le 28.

La température moyenne a été de $11°,46$.

Pression atmosphérique. La colonne barométrique a oscillé entre 733 et 756^{mm}.

La moyenne de la pression a été de 743^{mm}.

Vents. Le nord a soufflé 2 jours.
  Le nord-est . . . 2 —
  L'est . . . . . . 3 —
  Le sud . . . . . 5 —
  Le sud-est . . . 3 —
  L'ouest . . . . . 10 —
  Le nord-ouest . . 2 —
  Le sud-ouest . . . 3 —

Constitution médicale.

Les maladies aiguës de l'appareil respiratoire, très-nombreuses, ont dominé pendant le mois d'avril; elles sont généralement bénignes; mais la mortalité est forte pour les maladies chroniques.

L'appareil digestif offre des diarrhées bilieuses, des embarras gastriques assez fréquents et quelques dyssenteries.

Les fièvres intermittentes sont fréquentes, et les fièvres éruptives deviennent très-rares.

Mortalité.

Le mois d'avril est le onzième pour la mortalité; les 94 décès se répartissent ainsi:

Centres nerveux. . . . . 10 décès.
Appareil respiratoire. . . . . . . 33 —
  — circulatoire. . . . . . . 9 —
  — digestif. . . . . 13 —
  — génito-urinaire . . . . . 2 —
Fièvre typhoïde. . . . . 5 —
Fièvres éruptives . . . . 1 —

  A reporter. . . . . . 73 décès.

Report.	73 décès.
Cachexies et diathèses.	7 —
Maladies non classées.	6 —
Mort-nés.	3 —
Vieillesse	5 —
Total.	94 décès.
Hôpital Bon-Secours.	15 décès.
— St-Nicolas	9 —
— militaire.	7 —
Pratique civile.	63 —
Total	94 décès.

Mois de Mai.

Bulletin météorologique.

Etat du ciel. Le ciel est clair 8 jours ; demi-couvert 7 jours ; couvert 16 jours. Il y a 3 gelées blanches et 3 orages. Dans 13 jours pluvieux, il est tombé 34^{mm},25 d'eau.

Température. La température minimum a été de 2°,5 le 3 ; la température maximum de 22°,3 le 25.

La moyenne du mois a été de 11°,76.

Pression atmosphérique. La colonne barométrique a oscillé entre 729^{mm},89 et 752^{mm},92.

La moyenne a été de 743^{mm},65

Vents. Le nord a soufflé 5 jours.
    Le nord-est . . . 5 —
    L'est. . . . . . . 5 —
    Le sud. . . . . . 3 —
    L'ouest. . . . . . 6 —
    Le sud-ouest . . . 7 —

Constitution médicale.

En comparant l'état de la constitution médicale du mois qui vient de s'écouler, avec celui du mois correspondant des années précédentes, on remarque une diminution très-notable dans le nombre des malades.

A part les bronchites qui sont assez fréquentes, on n'a observé qu'un petit nombre de grippes, d'angines, de pneumonies; puis du côté du tube digestif, que quelques embarras gastro-intestinaux heureusement influencés par les évacuants.

Les fièvres typhoïdes sont rares, mais l'épidémie de variole qui semblait éteinte, reprend depuis quelques jours une certaine intensité. Plusieurs cas de variole se sont montrés en ville, mais c'est surtout la garnison qui est atteinte. L'hôpital militaire a reçu 10 varioloïdes et 4 varioles confluentes.

Mortalité.

Le mois de mai est le sixième pour la mortalité; les 119 décès se répartissent ainsi :

Centres nerveux.	13 décès.
Appareil respiratoire	33 —
— circulatoire	19 —
— digestif	13 —
— génito-urinaire.	1 —
Fièvre typhoïde.	4 —
Fièvres éruptives.	3 —
Cachexies et diathèses.	7 —
Maladies non classées.	16 —
Mort-nés.	2 —
Vieillesse	6 —
Suicides.	2 —
Total	119 décès.

Hôpital Bon-Secours . . . . 19 décès.
— Saint-Nicolas . . . . 11 —
— militaire. . . . . 7 —
Pratique civile. . . . . 82 —
Total . . . . 119 décès.

Mois de Juin.

Bulletin météorologique.

État du ciel. Le ciel est beau 6 jours, demi-couvert 14 jours, couvert 10 jours. Il y a 5 orages. Dans 12 jours pluvieux, il est tombé 51^{mm},25 d'eau.

Température de l'air. La température la plus basse a été de 8°,0 le 17; la plus élevée, de 29°,0 le 28.

La moyenne de la température a été de 22°,5.

Pression atmosphérique. Le baromètre a oscillé entre 738^{mm},84 et 751^{mm},65.

La moyenne de la pression a été de 746^{mm},4.

Vents. Le nord a soufflé 3 jours.
  Le nord-est . . . 1 —
  L'est . . . . . . 4 —
  Le sud. . . . . 3 —
  Le sud-est. . . . 2 —
  L'ouest . . . . . 6 —
  Le sud-ouest . . 11 —

Constitution médicale.

La constitution médicale du mois de juin a subi manifestement l'influence de l'état atmosphérique.

Avec la température froide et humide de la première moitié du mois, ont coïncidé un assez grand nombre de phlegmasies aiguës et légères des voies respiratoires. Vers le milieu du mois, une chaleur excessive remplaçant subitement le froid, on voit les affections gastro-intestinales occuper le premier rang parmi les maladies régnantes. Ce sont des embarras gastriques, des diarrhées séreuses ou quelquefois dyssentériques qui cèdent facilement à la médication évacuante.

La prédominance de l'état catarrhal du tube digestif, bien que naturelle à cette époque de l'année, doit cependant nous mettre en garde contre l'invasion du choléra qui, depuis le mois de mars, a porté ses ravages dans cinq communes du département.

Il reste encore à signaler quelques ophthalmies purulentes ayant presque toutes occasionné de larges ulcérations de la cornée.

Il y a encore quelques cas de variole, les derniers de l'épidémie qui avait débuté en 1864.

Mortalité.

C'est pendant le mois de juin que la mortalité est la plus faible. Les 90 décès se répartissent ainsi :

Centres nerveux	17 décès.
Appareil respiratoire.	23 —
— circulatoire.	9 —
— digestif.	19 —
— génito-urinaire..	1 —
Fièvres éruptives	3 —
Fièvre typhoïde.	2 —
Cachexies et diathèses.	3 —
Maladies non classées	6 —
Mort-nés.	5 —
Vieillesse.	2 —
Total.	90 décès.

Hôpital Bon-Secours. . . . . 13 décès.
— Saint-Nicolas. . . . . 5 —
— militaire. . . . . 3 —
Pratique civile . . . . 69 —
Total. . . . . 90 décès.

Mois de Juillet.

Bulletin météorologique.

Etat du ciel. — Le ciel est beau 8 jours, demi-couvert 7 jours, couvert 15 jours ; il pleut 14 jours. Il y a 6 orages et 2 jours de brouillard.

La quantité d'eau tombée est de 97^{mm},06.

Température de l'air. La température la plus basse est de 10°,1 le 25 ; la plus élevée de 30°,6 le 14.

La température moyenne est de 18°,29.

Pression atmosphérique. La colonne barométrique a oscillé entre 737^{mm},85 le 2, et 754^{mm},14 le 10.

La pression moyenne a été de 744^{mm},44.

Vents. Le nord a soufflé 7 jours.
    Le nord-ouest . . 7 —
    L'est . . . . 1 —
    Le sud-est . . . . 2 —
    L'ouest . . . . . . 7 —
    Le sud-ouest . . . 7 —

Constitution médicale.

L'appareil respiratoire fournit un petit nombre de maladies.

On signale plusieurs fièvres typhoïdes, trois rougeoles, et à l'hôpital militaire, un certain nombre de fièvres intermittentes.

Les embarras gastro-intestinaux sont assez fréquents et cèdent pour la plupart aux diverses médications mises en usage, souvent même spontanément.

Un certain nombre de cas de choléra qui viennent de se montrer en ville, n'ont jusqu'à présent rien d'alarmant.

Mortalité.

Le mois de juillet est le deuxième pour la mortalité, 126 décès se répartissent ainsi :

Centres nerveux	14 décès.
Appareil respiratoire	24 —
— circulatoire	6 —
— digestif	51 —
— génito-urinaire	1 —
Erysipèle	1 —
Fièvre typhoïde	3 —
Cachexies et diathèses	4 —
Maladies non classées	10 —
Mort-nés	4 —
Vieillesse	6 —
Suicides	2 —
Total	126 décès.
Hôpital Bon-Secours	29 décès.
— Saint-Nicolas	7 —
— militaire	5 —
Pratique civile	85 —
Total	126 décès.

Mois d'Août.

Bulletin météorologique.

État du ciel. Le ciel est beau 2 jours, couvert 18 jours, demi-couvert 11 jours, il y a eu 2 jours de brouillard, et 8 jours de rosée. Dans les 19 jours pluvieux, il est tombé 94^{mm},22 d'eau.

Température de l'air. La température la plus basse est de 7°,8 le 19; la plus élevée, de 26°,3 le 25 et le 26. La température moyenne a été de 18°,73.

Pression atmosphérique. Le baromètre a oscillé entre 750^{mm},17 le 26, et 735^{mm},67 le 27.

La pression moyenne a été 742^{mm},40.

Vents. L'est a soufflé 1 jour.
    Le sud. . . . 6 —
    L'ouest. . . . 13 —
    Le nord-ouest 1 —
    Le sud-ouest. 10 —

Constitution médicale.

Ce qui frappe surtout, c'est la prédominance du choléra et des embarras gastro-intestinaux, toutes les autres affections s'étant en quelque sorte effacées devant cette influence épidémique.

Mortalité.

Le mois d'août tient le cinquième rang pour la mortalité. Les 122 décès se répartissent ainsi :

Centres nerveux . . . . 14 décès.
Appareil respiratoire . . . . . . 22 —
— circulatoire . . . . . . 5 —
— digestif . . . . 61 —
Fièvre typhoïde . . . . 2 —
Cachexies et diathèses . . . . . 2 —
Maladies non classées . . . . . 6 —
Mort-nés . . . . 6 —
Vieillesse . . . . 2 —
Suicides . . . . 2 —

Total . . . . 122 décès.

Hôpital Bon-Secours . . . . . . 30 décès.
— Saint-Nicolas . . . . . . 3 —
— militaire . . . . 3 —
Pratique civile . . . . 86 —

Total . . . . 122 décès.

Mois de Septembre.

Bulletin météorologique.

Etat du ciel. Le ciel est beau 2 jours, couvert 18 jours, demi-couvert 10 jours. Il pleut 23 jours. La quantité d'eau tombée est de 51^{mm},17.

Température de l'air. La température la plus basse est de 5°,9 le 19 ; la plus élevée, de 23°,8 le 5.

La moyenne de la température a été de 17°,66.

Pression atmosphérique. La colonne barométrique a oscillé entre 733^{mm},22 le 23, et 749^{mm},93 le 18.

La moyenne de la pression a été de 741^{mm},04.

Vents. Le nord a soufflé 4 jours.
 Le nord-est . . . 1 —
 Le nord-ouest . . 1 —
 Le sud . . . . . 4 —
 L'ouest . . . . . 3 —
 Le sud-ouest . . 17 —

Constitution médicale.

La constitution médicale est la même que celle du mois précédent.

L'épidémie cholérique a éprouvé une recrudescence marquée dans les deux premières semaines, et depuis le 12, jour où il y a eu le plus de décès cholériques (10 décès), la maladie décroît peu à peu.

A la fin de septembre, quelques enfants de la troisième section et de l'hospice Saint-Nicolas, sont atteints de rougeole.

Mortalité.

Le mois de septembre est le premier pour la mortalité, les 156 décès se répartissent ainsi :

Centres nerveux	9 décès.
Appareil respiratoire	28 —
— circulatoire	6 —
— digestif	80 —
— génito-urinaire	6 —
Fièvre typhoïde	4 —
Cachexies et diathèses	5 —
Maladies non classées	7 —
Mort-nés	10 —
Vieillesse	1 —
Total	156 décès.

Hôpital Bon-Secours . . . .   24 décès.
— Saint-Nicolas   10   —
— militaire   6   —
Pratique civile 116   —
Total . . . . 156 décès.

Mois d'Octobre.

Bulletin météorologique.

Etat du ciel. Le ciel est beau 12 jours, couvert 10 jours, demi-couvert 9 jours, pluvieux 4 jours.

Il y a eu 2 jours de gelée, 10 jours de gelée blanche, 3 jours de rosée, et 13 jours de brouillard.

Le pluviomètre a marqué 19^{mm},95.

Température de l'air. Les températures extrêmes sont de — 1°,5 le 28, et de +21°,09 le 1$^{er.}$

La température moyenne a été de +11°,89.

Pression atmosphérique. La plus basse pression est de 737^{mm},94 le 25; la plus forte, de 755^{mm},13 le 7.

La pression moyenne a été de 748^{mm},61.

Vents. Le nord a soufflé 14 jours.
Le nord-est . . .   2   —
Le nord-ouest . .   1   —
L'est   6   —
Le sud   2   —
Le sud-est   2   —
Le sud-ouest . .   4   —

Constitution médicale.

On constate encore en ville de nombreuses diarrhées, quelques embarras gastriques, des cholérines et plusieurs cas de choléra, les derniers de l'épidémie.

Dans les derniers jours du mois, les affections gastro-intestinales diminuent notablement de fréquence.

On note en outre des angines, bronchites, un petit nombre de pneumonies, et quelques névralgies et rhumatismes.

Enfin, depuis quelques jours, la rougeole est très-fréquente dans tous les quartiers de la ville.

Mortalité.

Le mois d'octobre occupe le quatrième rang pour la mortalité. 125 décès se répartissent de la manière suivante :

Centres nerveux.	18 décès.
Appareil respiratoire	28 —
— circulatoire	4 —
— digestif	52 —
— génito-urinaire.	2 —
Fièvre typhoïde.	1 —
Fièvres éruptives.	1 —
Cachexies et diathèses.	2 —
Maladies non classées.	7 —
Mort-nés.	7 —
Vieillesse.	1 —
Suicides	2 —
Total.	125 décès.
Hôpital Bon-Secours	29 décès.
— Saint-Nicolas.	3 —
Pratique civile.	93 —.
Total.	125 décès.

Mois de Novembre.

Bulletin météorologique.

État du ciel. Le ciel a été couvert 19 jours, demi-couvert 11 jours.

Pendant les 19 jours de pluie, il est tombé 57^{mm},48 d'eau.

Température de l'air. La plus basse température est de —2°,2 le 18 ; la plus élevée, de + 13°,9 le 13.

La température moyenne a été de 6°,18.

Pression atmosphérique. La pression la plus faible est de 730^{mm} le 17 ; la plus forte, de 751^{mm},49 le 29.

La pression moyenne a été de 744^{mm},90.

Vents. Le nord a soufflé 4 jours.
    Le nord-est. . . . 1 —
    Le nord-ouest. . . 1 —
    L'ouest. . . . . . 10 —
    Le sud. . . . . . 4 —
    Le sud-ouest. . . 9 —

(Il n'y a pas eu de vent le 1er novembre.)

Constitution médicale.

On a signalé des angines et bronchites catarrhales fréquentes, quelques coqueluches, plusieurs pneumonies, dont 5 ont eu une issue funeste ; des névralgies nombreuses.

L'épidémie cholérique est complétement éteinte ; le dernier décès cholérique est du 2 novembre.

L'affection dominante est la rougeole, très-fréquente dans toute la ville.

Mortalité.

Le mois de novembre occupe le neuvième rang pour la mortalité, qui a été de 109 décès, répartis ainsi qu'il suit :

Centres nerveux	17 décès.
Appareil respiratoire	44 —
— circulatoire	3 —
— digestif	16 —
— génito-urinaire	2 —
Erysipèle	1 —
Fièvres éruptives	4 —
Cachexies et diathèses	5 —
Maladies non classées	8 —
Mort-nés	5 —
Vieillesse	3 —
Suicide	1 —
Total	109 décès.
Hôpital Bon-Secours	14 décès.
— St-Nicolas	7 —
— militaire	5 —
Pratique civile	83 —
Total	109 décès.

Mois de Décembre.

Bulletin météorologique.

Etat du ciel. Le ciel est beau 3 jours, demi-couvert 6 jours, couvert 22 jours ; il a plu 15 jours.

La quantité d'eau tombée est de 87^{mm},20.

Température de l'air. La température la plus basse est de — 2°,2 le 9 ; la plus élevée, de + 10°,3 le 7.

La température moyenne a été de 3°,98.

Pression atmosphérique. La colonne barométrique a oscillé entre 728^{mm},0 le 31, et 759^{mm},11 le 9.

La pression moyenne a été de 742^{mm},5.

Vents. Le nord a soufflé   3 jours.
   L'est. . . . . . .   2 —
   Le sud . . . . .   7 —
   Le sud-est. . . .   1 —
   L'ouest . . . . .   8 —
   Le sud-ouest. . . 10 —

Constitution médicale.

La rougeole, bien qu'ayant notablement diminué de fréquence est encore l'affection dominante du mois de décembre. Elle attaque maintenant les enfants de la classe aisée, tandis que, en septembre et en octobre, c'étaient surtout les enfants pauvres qui étaient atteints.

Les angines et bronchites catarrhales commencent à devenir fréquentes. On a signalé aussi plusieurs cas d'angine striduleuse, de bronchite capillaire, et enfin un petit nombre de pneumonies.

Le tube digestif a fourni des diarrhées et quelques vomissements bilieux.

Plusieurs fièvres typhoïdes ont été observées chez des enfants.

On a signalé aussi un certain nombre de fièvres intermittentes quotidiennes, et de douleurs rhumatismales et névralgiques.

Mortalité.

Le mois de décembre tient le septième rang pour la mortalité, 119 décès se répartissent de la manière suivante :

Centres nerveux	20 décès.
Appareil respiratoire	38 —
— circulatoire	8 —
— digestif	10 —
— génito-urinaire	1 —
Fièvre typhoïde	2 —
Fièvres éruptives	13 —
Cachexies et diathèses	8 —
Maladies non classées	8 —
Mort-nés	4 —
Vieillesse	6 —
Suicide	1 —
Total	119 décès.
Hôpital Bon-Secours	9 décès.
— Saint-Nicolas	5 —
— militaire	4 —
Pratique civile	101 —
Total	119 décès.

En jetant un coup-d'œil d'ensemble sur la constitution médicale de l'année 1866, on voit que l'humidité presque constante a rendu très-fréquentes les phlegmasies aiguës des voies respiratoires qui sont généralement bénignes.

Les dérangements intestinaux plus ou moins sérieux, le choléra et la rougeole dominent toute la pathologie de l'année.

L'épidémie de variole qui avait régné avec persistance depuis l'année 1864 jusqu'au mois de juin 1866 était à peine terminée, que le choléra apparaissait le 9 juillet, peu de jours après l'arrivée à Metz d'un grand nombre d'habitants de Boulay fuyant devant le fléau qui sévissait avec tant de violence sur leur ville.

La durée de l'épidémie cholérique à Metz a été de 117 jours, du 9 juillet au 2 novembre, 184 personnes ont succombé pendant ce temps. Avant le 9 juillet il y avait eu un cas de choléra infantile terminé par la mort.

Je donne ici les tableaux résumant la mortalité par âges, sexes et sections municipales, renvoyant pour les détails au rapport de M. le docteur Didion sur le service de l'hôpital Bon-Secours et au rapport général sur l'épidémie dans le département.

DÉCÈS PAR SUITE DU CHOLÉRA.

Suivant les âges.

De 0 à 1 an.	De 1 à 5 ans.	De 5 à 10 ans.	De 10 à 20 ans.	De 20 à 30 ans.	De 30 à 40 ans.	De 40 à 50 ans.	De 50 à 60 ans.	De 60 à 70 ans.	De 70 à 80 ans.	De 80 à 90 ans.	Age inconnu.
16	18	8	6	16	20	20	24	29	17	6	4

Suivant les sexes.

Sexe masculin.		*Sexe féminin.*	
Hommes	75 décès.	Femmes	66 décès.
Enfants au-dessous de 12 ans	26 —	Enfants au-dessous de 12 ans	17 —
Total	101 décès.	Total	83 décès.

Total général. . . . . 184 décès.

Suivant les sections.

Cinquième section	58 décès.
Première —	48 —
Deuxième —	36 —
Troisième —	18 —
Quatrième —	17 —
Domicile inconnu.	7 —
Total.	184 décès.

Dans ce dernier tableau, les décès survenus à l'hôpital Bon-Secours et à l'hôpital militaire, ont été répartis dans chacune des sections à laquelle appartenaient les malades avant leur entrée dans ces établissements.

Deux sapeurs-conducteurs du génie sont morts du choléra. Ce sont là les seuls décès cholériques fournis par la garnison.

ROUGEOLE.

A la fin de septembre on commence à signaler quelques rougeoles à l'hôpital Saint-Nicolas et dans la 4ᵉ section.

Les cas d'abord très-rares se multiplient et s'étendent rapidement dans les différents quartiers de la ville.

Un très-grand nombre d'enfants et quelques adultes ont été atteints par l'exanthème morbilleux qui le plus souvent suit une marche régulière et se termine par le retour à la santé.

Dans quelques cas cependant, la terminaison n'a pas été aussi heureuse; ainsi chez plusieurs enfants, il est survenu pendant ou peu après la période éruptive, des complications plus ou moins graves du côté des voies respiratoires et digestives. C'étaient le plus souvent une broncho-pneumonie ou une gastro-entérite quelquefois mortelle. Enfin plusieurs fois on a noté des laryngites striduleuses et des stomatites pseudo-membraneuses.

18 Enfants sont morts par suite des complications de la rougeole.

MOUVEMENT DE LA POPULATION.

La population de la ville de Metz en 1866 a été de 54817 habitants ; elle se décompose comme il suit :

Population municipale. . 45207
Population flottante . . . 2035 } 47242 habitants.
Garnison . . . . 7575 hommes.

Total. . . . . 54817 habitants.

La population civile ayant été pour l'année 1865, de 49740 habitants, il y a pour l'année 1866 une diminution très-notable de 2498 habitants.

Naissances.

Le chiffre des naissances est de :

Enfants légitimes. 930
Enfants naturels . . . . . . 263 } 1193

Dans ce nombre 1193, ne sont pas compris 60 enfants morts avant la déclaration de la naissance. Le chiffre réel des naissances est donc de 1253.

En 1865 le chiffre des naissances avait été seulement de 1218, ce qui fait une augmentation de 35 naissances pour l'année 1866.

Mortalité.

La mortalité totale, mort-nés compris, est en 1866 de 1396 décès. En 1865 elle était de 1295. L'épidémie cholérique explique cette différence de 101 décès en plus pour l'année 1866.

En 1866, le chiffre des décès, mort-nés et non viables compris, étant de 1396 ; celui des naissances, mort-nés et non viables compris, de 1253, les décès l'emportent de 143 sur les naissances.

La moyenne de la mortalité relativement à la population est de :

1 décès sur 39 habitants pour la population totale.
1 — 35. . . . . population civile.
1 — 140 hommes pour la garnison.

Mortalité par Sections.

En 1866, la population fixe et les décès se répartissent comme il suit entre les cinq sections municipales.

Première section . . . . 9460 indiv. 522 décès.
Deuxième — . . . . 9029 — 212 —
Troisième — . . . . 9555 — 160 —
Quatrième — . . . . 8005 — 253 —
Cinquième — . . . . 9158 — 241 —

Total. . . . . 45207 indiv.
Garnison et population flottante. 9610 —

Total. . . . . 54817 habitants.

Dans ce chiffre de 522 décès de la première section, il faut remarquer que 227 décès appartiennent à l'hôpital Bon-Secours et à l'hôpital militaire ; et que dans les 253 décès de la 4ᵉ section, 88 appartiennent à l'hôpital St-Nicolas.

Tout en tenant compte de ces causes d'erreur, on voit cependant que la mortalité est toujours la plus forte dans les 1ʳᵉ, 2ᵉ et 5ᵉ sections habitées principalement par la classe pauvre.

Mortalité par Sexes.

Le sexe masculin a fourni   753 décès.
   —   féminin   643   —

Total . . . . 1396 décès.

Si de ce nombre 1396 on déduit les 54 décès fournis par la garnison, il reste pour la population civile 1342 décès sur lesquels on compte :

           699 hommes.
           643 femmes.

Différence . . . . 56, en faveur du sexe féminin.

Mortalité par Age.

Relativement aux âges, la mortalité se répartit de la manière suivante :

De la naissance à 1 an, mort-nés compris   261 décès.
De 1 an   à   5 ans. . . . .   153 —
De 5 ans   à   10 . . . .   28 —
De 10 —   à   20 . . . .   47 —
De 20 —   à   30 . . . .   90 —
De 30 —   à   40 . . . .   107 —
De 40 —   à   50 . . . .   122 —
De 50 —   à   60 . . . .   137 —
De 60 —   à   70 . . . .   188 —
De 70 —   à   80 . . . .   172 —
De 80 —   à   90 . . . .   64 —
De 90 —   à   100 . . . .   10 —
Age inconnu . . . .   8 —

Total. . . . . . 1396 décès.

Comme toujours, la période de la naissance à 5 ans fournit une mortalité effrayante qui est cette année de près du tiers des décès.

Mortalité par Mois.

Les différents mois de l'année 1866 se rangent sous le rapport de la mortalité, dans l'ordre suivant :

Septembre,	156 décès.	Décembre,	119	décès.
Juillet,	126 —	Novembre,	109	—
Mars,	126 —	Janvier,	105	—
Octobre,	125 —	Février,	105	—
Août,	122 —	Avril,	94	—
Mai,	119 —	Juin,	90	—

Mortalité par Appareils fonctionnels.

Centres nerveux	184 décès.
Appareil respiratoire	395 —
— circulatoire	98 —
— digestif.	347 —
— génito-urinaire.	22 —
Fièvres en général	66 —
Cachexies et diathèses	65 —
Maladies non classées.	106 —
Vieillesse.	40 —
Mort-nés	61 —
Suicides	12 —
Total	1396 décès.

MALADIES ÉPIDÉMIQUES QUI ONT RÉGNÉ EN 1866
Dans le Département de la Moselle.

LOCALITÉS.	ARRONDISSEMents.	NATURE DE L'ÉPIDÉMIE.	NOMBRE des habitants.	TOTAL DES INDIVIDUS ATTEINTS			DÉCÈS.
				Hommes.	Femmes.	Enfants au-dessous de 12 ans.	
Sarralbe	Sarreguemines.	Laryngite catarrhale	3383	»	»	70	3
Hambach	id.	Suette	988	14	30	»	5
Ippling	id.	id.	430	10	26	3	9
		Totaux relatifs à la suette	1418	24	56	3	14
Ippling	Sarreguemines.	Variole	430	10	19	10	5
Oberguelbach	id.	id.	626	38	53	15	3
Neufgrange	id.	id.	430	8	8	18	8
Hannonville	Briey	id.	450	14	19	1	3
		Totaux relatifs à la variole	1936	70	99	44	19

La liste des communes dans lesquelles a régné le choléra, qu'on trouvera intercalée dans le rapport sur l'épidémie cholérique, doit servir de complément au tableau des maladies épidémiques qui ont désolé le département de la Moselle pendant l'année 1866.

ANNÉE 1866.

DOMICILE.						
3e section.	4e section.	5e section.	Hôpital militaire.	Bon-Secours	Saint-Nicolas.	Inconnu.
18	7	25	1	15	12	4
7	16	17	7	15	6	3
11	10	24	6	12	10	1
8	12	11	7	15	9	1
16	12	21	7	19	11	»
13	15	15	3	15	5	»
14	18	19	5	29	7	3
11	12	19	5	50	3	4
21	14	27	6	24	10	5
13	18	23	»	29	3	5
13	20	13	5	14	7	1
15	13	27	4	9	5	»
160	165	241	54	222	88	27

VILLE DE METZ. I. — TABLEAU général de la mortalité distribuée par mois, sexe, âge, professions et domicile. ANNÉE 1866.

MOIS.	QUANTITÉ.	SEXE		AGE.													PROFESSIONS.					DOMICILE.								
		Hommes.	Femmes.	De 0 à 1 an.	De 1 à 4 ans.	De 5 à 9 ans.	De 10 à 19 ans.	De 20 à 29 ans.	De 30 à 39 ans.	De 40 à 49 ans.	De 50 à 59 ans.	De 60 à 69 ans.	De 70 à 79 ans.	De 80 à 89 ans.	De 90 à 100 ans.	Inconnus.	Propriétaires ou sans profession.	Profess. industr. et commerc.	Profess. scientifiques et libérales.	Profess. manuelles et corps de métiers.	Inconnus.	1er canton.	2e canton.	3e canton.	4e canton.	5e canton.	Hôpital militaire.	Sans domicile.	Lazaret Tivoli.	Divers.
Janvier	103	38	49	16	13	1	3	5	7	11	11	19	17	1	1	.	31	33	21	19	1	13	10	18	7	25	1	13	19	4
Février	105	55	50	27	8	2	1	9	8	9	7	15	15	6	.	.	36	22	14	30	1	17	17	7	16	17	7	15	6	3
Mars	126	60	66	32	9	.	5	6	11	9	12	17	15	1	.	.	44	29	21	32	.	23	24	11	10	24	6	12	10	1
Avril	94	45	49	11	9	2	7	8	9	10	10	9	15	6	.	.	29	30	12	27	.	12	10	8	12	11	7	18	9	1
Mai	119	67	52	9	11	2	3	9	14	12	21	20	8	.	.	.	29	40	22	25	.	13	18	16	12	21	7	10	11	.
Juin	90	56	34	28	7	1	4	3	8	6	13	10	10	1	.	1	37	19	11	22	1	12	12	13	13	15	3	13	6	.
Juillet	126	69	57	26	11	3	2	10	12	13	15	10	13	3	.	.	40	21	17	48	.	19	13	14	18	19	8	22	7	5
Août	122	69	53	28	11	.	3	15	9	8	12	16	16	3	1	2	39	15	25	42	1	22	18	11	12	19	3	30	3	4
Septembre	156	83	73	50	12	6	3	15	14	12	16	24	17	7	.	2	49	35	23	47	4	25	23	21	14	27	6	24	10	2
Octobre	125	65	60	25	18	3	5	10	10	13	11	15	8	6	.	2	45	17	14	43	6	21	13	15	16	23	.	29	3	5
Novembre	109	61	48	15	21	4	6	7	3	7	12	13	12	6	1	.	41	17	18	33	.	13	21	13	20	13	5	14	7	1
Décembre	119	67	52	18	22	4	3	5	8	8	11	15	16	4	3	1	47	28	14	19	1	24	22	15	13	27	4	9	3	.
Totaux	1396	753	643	261	153	28	47	90	107	122	137	188	172	64	10	8	459	310	212	400	15	227	212	160	165	241	54	212	88	27

ANNÉE 1866

6.LLET.	2.OUT.	1-TEMBRE.	1-TOBRE.	5.EMBRE.	6.EMBRE	TOTAUX.
6	2	1	1	5	6	40
4	6	10	7	5	4	61
2	2	»	2	1	1	12
126	122	156	125	109	125	1396

VILLE DE METZ II. — TABLEAU GÉNÉRAL DE LA MORTALITÉ ANNÉE 1866

Distribuée par Maladies.

www.ingramcontent.com/pod-product-compliance
Lightning Source LLC
Chambersburg PA
CBHW060724050426
42451CB00010B/1617